Impressum
Verlag: BABADADA GmbH, Nedderfeld 112 , 22529 Hamburg
Geschäftsführer / Verlagsleitung: Harald Hof
Druck: Books on Demand GmbH, In de Tarpen 42, 22848 Norderstedt

Imprint
Publisher: BABADADA GmbH, Nedderfeld 112 , 22529 Hamburg, Germany
Managing Director / Publishing direction: Harald Hof
Print: Books on Demand GmbH, In de Tarpen 42, 22848 Norderstedt, Germany

škola

בית ספר

trieda
כיתה
deliť
חילק
186/2
tabuľa
לוח
školský dvor
učiteľ
מורה
papier
נייר
písať
כתב
pero
עט
písací stôl
שולחן עבודה
pravítko
סרגל
kniha
ספר
žiak
תלמיד

školská taška

ילקוט

peračník

קלמר

ceruza

עיפרון

strúhadlo na ceruzky

מחדד

guma

גומי מחיקה

skicár

חוברת סרטוט

2

kresba

סרטוט

štetec

מברשת

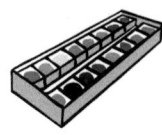

vodové farby

קופסת צבעים

nožnice

מספריים

lepidlo

דבק

cvičný zošit

ספר תרגול

domáca úloha

שיעור בית

12

číslo

מספר

2+2

sčítať

חיבר

5-2

odčítať

חיסר

2×2

násobiť

הכפיל

počítať

חישב

A

písmeno

אות

ABCDEFG HIJKLMN OPQRSTU VWXYZ

abeceda

אלפבית

slovo

מילה

text

טקסט

čítať

קרא

krieda

גיר

hodina

שיעור

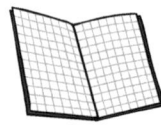

triedna kniha

יומן נוכחות

skúška

מבחן

certifikát

תעודה

školská uniforma

תלבושת בית ספר

vzdelanie

חינוך

encyklopédia

אנציקלופדיה

univerzita

אוניברסיטה

mikroskop

מיקרוסקופ

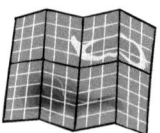

mapa

מפה

kôš na papier

סל נייר

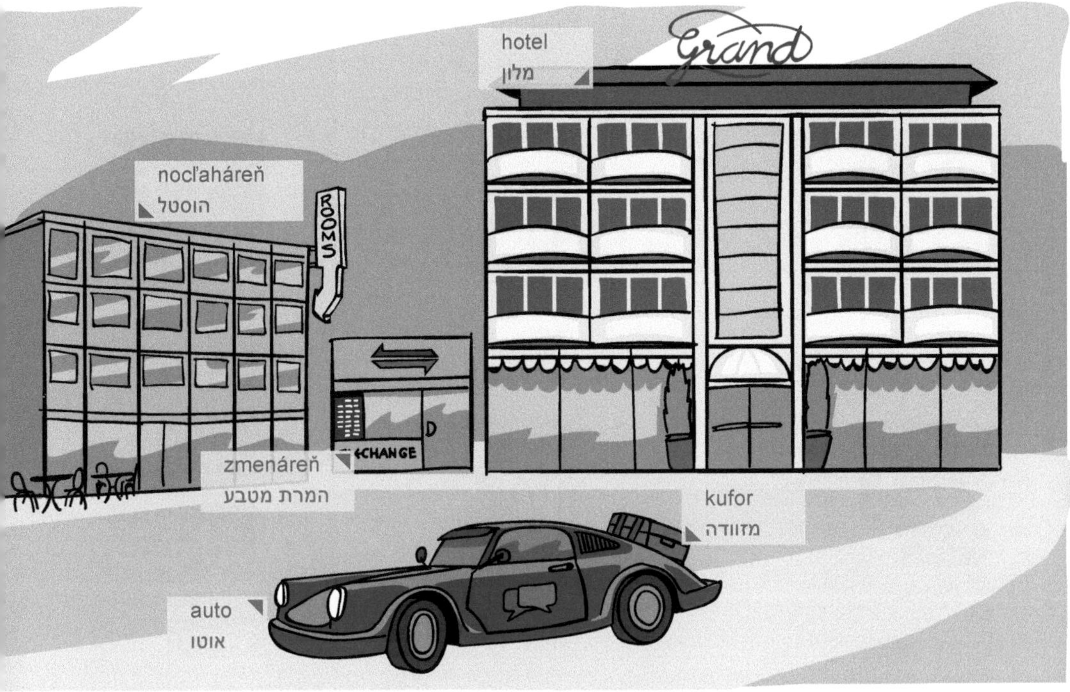
hotel
מלון
Grand
nocľaháreň
הוסטל
ROOMS
zmenáreň
המרת מטבע
EXCHANGE
kufor
מזוודה
auto
אוטו

jazyk
שפה

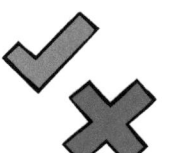

áno/nie
כן / לא

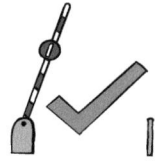

v poriadku
בסדר

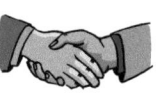

ahoj
שלום

prekladateľ
מתרגם

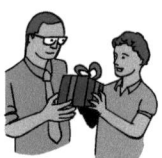

ďakujem
תודה

Koľko stojí ... ?

כמה עולה.....?

Nerozumiem

אני לא מבין

problém

בעיה

Dobrý večer!

ערב טוב!

Dobré ráno!

בוקר טוב!

Dobrú noc!

לילה טוב!

Dovidenia

להתראות

smer

כיוון

batožina

כבודה

taška

תיק

batoh

תרמיל גב

hosť

אורח

izba

חדר

spacák

שק שינה

stan

אוהל

informácie pre turistov

מרכז מידע לתיירים

pláž

חוף ים

kreditná karta

כרטיס אשראי

raňajky

ארוחת בוקר

obed

ארוחת צהריים

večera

ארוחת ערב

cestovný lístok

כרטיס

výťah

מעלית

poštová známka

בול

hranica

גבול

clo

מכס

veľvyslanectvo

שגרירות

vízum

אשרה

cestovný pas

דרכון

doprava

תחבורה

lietadlo
מטוס
loď
אונייה
požiarnické auto
כבאית
autobus
אוטובוס
nákladné auto
משאית
motorový čln
סירת מנוע
bicykel
אופניים
auto
אוטו

trajekt

מעבורת

loď

סירה

motorka

אופנוע

policajné auto

ניידת משטרה

pretekárske auto

מכונית מרוץ

vozidlo z požičovne

רכב שכור

carsharing

מכוניות בשיתוף

odťahové auto

אוטו גרר

smetiarske auto

משאית זבל

motor

מנוע

benzín

דלק

čerpacia stanica

תחנת דלק

dopravná značka

תמרור

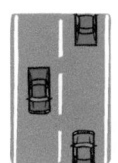

premávka

תנועה

zápcha

פקק תנועה

parkovisko

חניה

vlaková stanica

תחנת רכבת

trate

פסי רכבת

vlak

רכבת

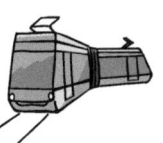

električka

רכבת קלה

vagón

קרון

helikoptéra

מסוק

letisko

שדה-תעופה

veža

מגדל

pasažier

נוסע

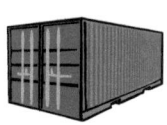

kontajner

קונטיינר

kartón

קרטון

vozík

עגלה

kôš

סל

štartovať / pristáť

המראה / נחיתה

mesto

עיר

dedina

כפר

centrum mesta

מרכז העיר

dom

בית

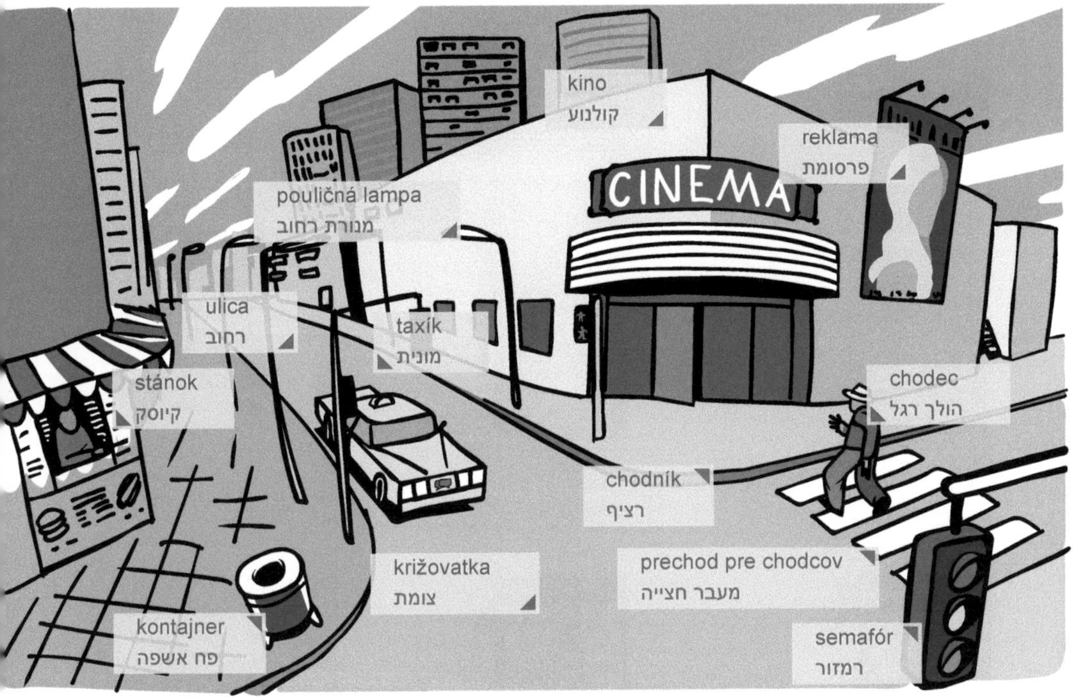
kino
קולנוע
reklama
פרסומת
CINEMA
pouličná lampa
מנורת רחוב
ulica
רחוב
taxík
מונית
stánok
קיוסק
chodec
הולך רגל
chodník
רציף
križovatka
צומת
prechod pre chodcov
מעבר חצייה
kontajner
פח אשפה
semafór
רמזור

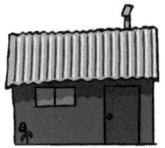

chata

בקתה

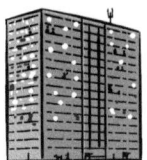

byt

דירה

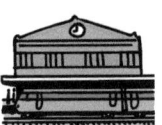

vlaková stanica

תחנת רכבת

radnica

עירייה

MUSEUM

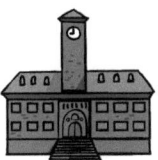

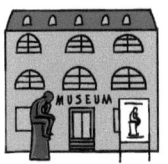

múzeum

מוזיאון

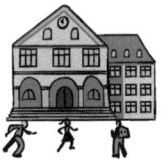

škola

בית ספר

univerzita

אוניברסיטה

banka

בנק

nemocnica

בית חולים

hotel

מלון

lekáreň

בית מרקחת

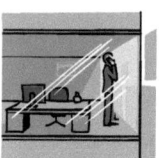

kancelária

משרד

kníhkupectvo

חנות ספרים

obchod

חנות

kvetinárstvo

חנות פרחים

supermarket

סופרמרקט

trh

שוק

obchodný dom

כל-בו

obchodník s rybami

מוכר דגים

nákupné stredisko

קניון

prístav

נמל

park

פארק

lavička

ספסל

most

גשר

schody

מדרגות

metro

רכבת תחתית

tunel

מנהרה

autobusová zastávka

תחנת אוטובוס

bar

בר

reštaurácia

מסעדה

poštová schránka

תא דואר

tabuľa s názvom ulice

שלט רחוב

parkovacie hodiny

מדחן

ZOO

גן חיות

plaváreň

בריכת שחיה

mešita

מסגד

farma

חווה

znečisťovanie životného
prostredia

זיהום

cintorín

בית עלמין

kostol

כנסייה

ihrisko

מגרש משחקים

chrám

בית מקדש

terén

נוף

list

עלה

smerová tabuľa

תמרור

cesta

דרך

lúka

מרעה

kameň

אבן

strom

עץ

turista

מטייל

rieka

נהר

tráva

דשא

kvet

פרח

dolina

בקעה

kopec

הר

jazero

אגם

les

יער

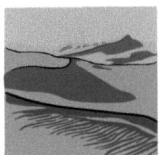

púšť

מדבר

vulkán

הר געש

zámok

טירה

dúha

קשת בענן

hríb

פטריה

palma

דקל

komár

יתוש

mucha

זבוב

mravec

נמלה

včela

דבורה

pavúk

עכביש

chrobák

חיפושית

žaba

צפרדע

veverička

סנאי

jež

קיפוד

zajac

ארנב

sova

ינשוף

vták

ציפור

labuť

ברבור

diviak

חזיר בר

jeleň

צבי

los

אייל הקורא

hrádza

סכר

veterná turbína

טורבינת רוח

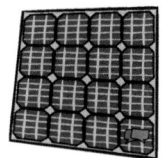

solárny panel

פנל סולארי

podnebie

אקלים

reštaurácia

מסעדה

čašník
מלצר
jedálny lístok
תפריט
stolička
כסא
polievka
מרק
pizza
פיצה
príbor
סכו"ם
obrus
מפת שולחן

predjedlo

מנת פתיחה

hlavné jedlo

מנה עיקרית

zákusok

קינוח

nápoje

שתיות

jedlo

אוכל

fľaša

בקבוק

fast-food

מזון מהיר

street food

אוכל רחוב

kanvica na čaj

קנקן תה

cukornička

מסכרת

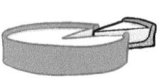

porcia

מנה

stroj na espresso

מכונת אספרסו

detská stolička

כסא תינוק

účet

חשבון

podnos

מגש

nôž

סכין

vidlička

מזלג

lyžica

כף

čajová lyžička

כפית

obrúsok

מפית

pohár

כוס

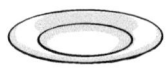

tanier

צלחת

hlboký tanier

קערת מרק

podšálka

תחתית

omáčka

רוטב

soľnička

מלחייה

mlynček na korenie

מטחנת פלפל

ocot

חומץ

olej

שמן

korenie

תבלינים

kečup

קטשופ

horčica

חרדל

majonéza

מיונז

supermarket

סופרמרקט

špeciálna ponuka
מבצע
klient
לקוח
mliečne výrobky
מוצרי חלב
ovocie
פירות
nákupný vozík
עגלת קניות

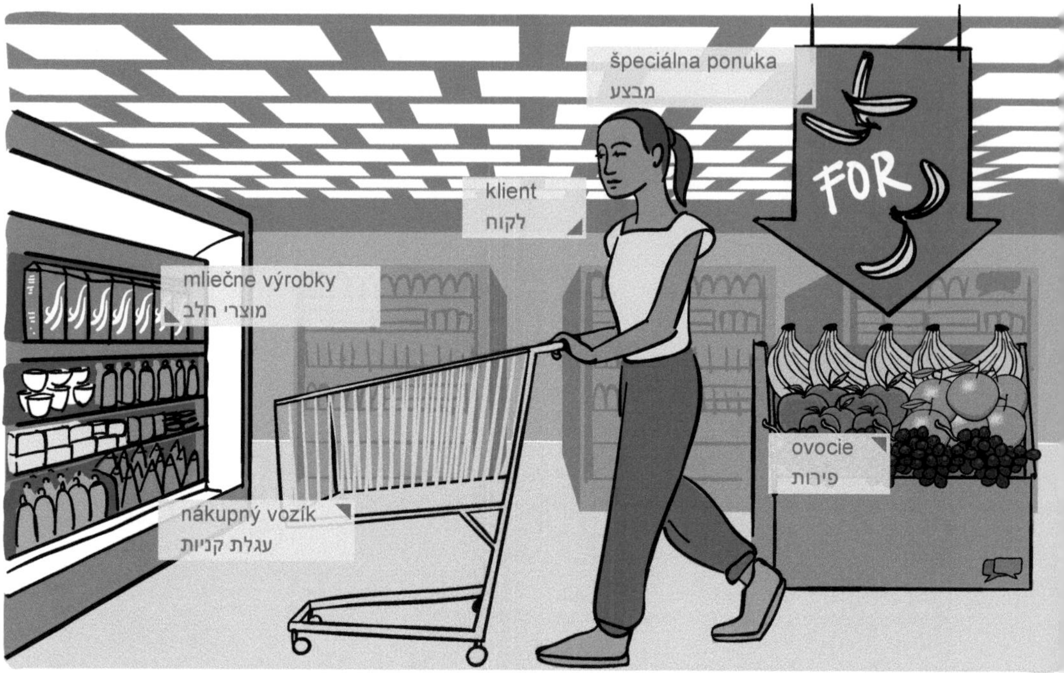

mäsiarstvo

אטליז

pekáreň

מאפייה

vážiť

שקל

zelenina

ירקות

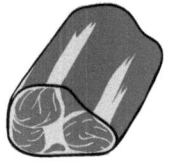

mäso

בשר

mrazené potraviny

מזון קפוא

nárez

בשר קר

konzervy

שימורים

prací prostriedok

אבקת כביסה

sladkosti

ממתקים

domáce potreby

מוצרי בית

čistiace prostriedky

חומר ניקוי

predavačka

מוכרת

pokladňa

קופה

pokladník

קופאי

nákupný zoznam

רשימת קניות

otváracie hodiny

שעות פתיחה

peňaženka

ארנק

kreditná karta

כרטיס אשראי

taška

תיק

plastové vrecko

שקית נילון

nápoje

שתיות

voda

מים

džús

מיץ

mlieko

חלב

kola

קולה

víno

יין

pivo

בירה

alkohol

אלכוהול

kakao

קקאו

čaj

תה

káva

קפה

espresso

אספרסו

kapučíno

קפוצ'ינו

jedlo
אוכל

banán

בננה

jablko

תפוח

pomaranč

תפוז

melón

אבטיח

citrón

לימון

mrkva

גזר

cesnak

שום

bambus

במבוק

cibuľa

בצל

hríb

פטריות

orechy

אגוזים

rezance

אטריות

špagety

ספגטי

ryža

אורז

šalát

סלט

hranolky

צ'יפס

pečené zemiaky

צ'יפס

pizza

פיצה

hamburger

המבורגר

obložený chlebík

כריך

rezeň

שניצל

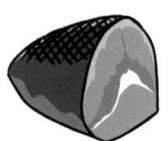

šunka

שינקין

saláma

סלאמי

klobása

נקניקיה

kurča

עוף

pečené mäso

טיגון

ryba

דג

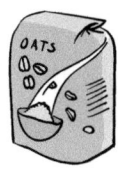

ovsené vločky

שיבולת שועל

müsli

מוזלי

kukuričné lupienky

קורנפלקס

múka

קמח

croissant

קרואסון

pečivo

לחמנייה

chlieb

לחם

hrianka

טוסט

sušienky

עוגיות

maslo

חמאה

tvaroh

גבינה לבנה

koláč

עוגה

vajce

ביצה

volské oko

ביצת עין

syr

גבינה

zmrzlina

גלידה

cukor

סוכר

med

דבש

lekvár

ריבה

nugátová nátierka

ממרח נוגט

karí korenie

קארי

farma

חווה

sedliacky dom
stodola
אסם
stoch slamy
חבילת שחת
pole
שדה
kôň
סוס
príves
עגלת נגרר
traktor
טרקטור
žriebä
סייח
somár
חמור
ovca
כבש
jahňa
טלה

koza
עז

krava
פרה

teľa
עגל

prasa
חזיר

prasiatko
חזרזיר

býk
שור

hus

אווז

kačica

ברווז

kuriatko

אפרוח

sliepka

תרנגולת

kohút

תרנגול

potkan

חולדה

mačka

חתול

myš

עכבר

vôl

שור

pes

כלב

psia búda

מלונה

záhradná hadica

צינור השקיה

krhla

קנקן מים

kosa

חרמש

pluh

מחרשה

kosák

מגל

motyka

מגרפה

vidly na hnoj

קלשון

sekera

גרזן

fúrik

מריצה

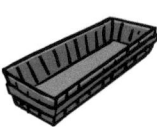

koryto

שוקת

kanva na mlieko

כד חלב

vrece

שק

plot

גדר

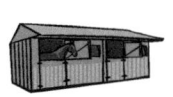

maštaľ

אורווה

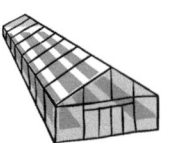

skleník

חממה

pôda

אדמה

osivo

זרע

hnojivo

דשן

kombajn

מקצרה

žať

קצר

žatva

קציר

batát

בטטה אפריקנית

pšenica

חיטה

sója

סויה

zemiak

תפוח אדמה

kukurica

תירס

repka

קנולה

ovocný strom

עץ פירות

maniok

קסבה

obilie

דגנים

dom

בית

komín
ארובה
strecha
גג
dažďový odkvap
מרזב
okno
חלון
garáž
מוסך
zvonček
פעמון
dvere
דלת
odpadkový kôš
פח אשפה
poštová schránka
תיבת מכתבים
záhrada
גינה

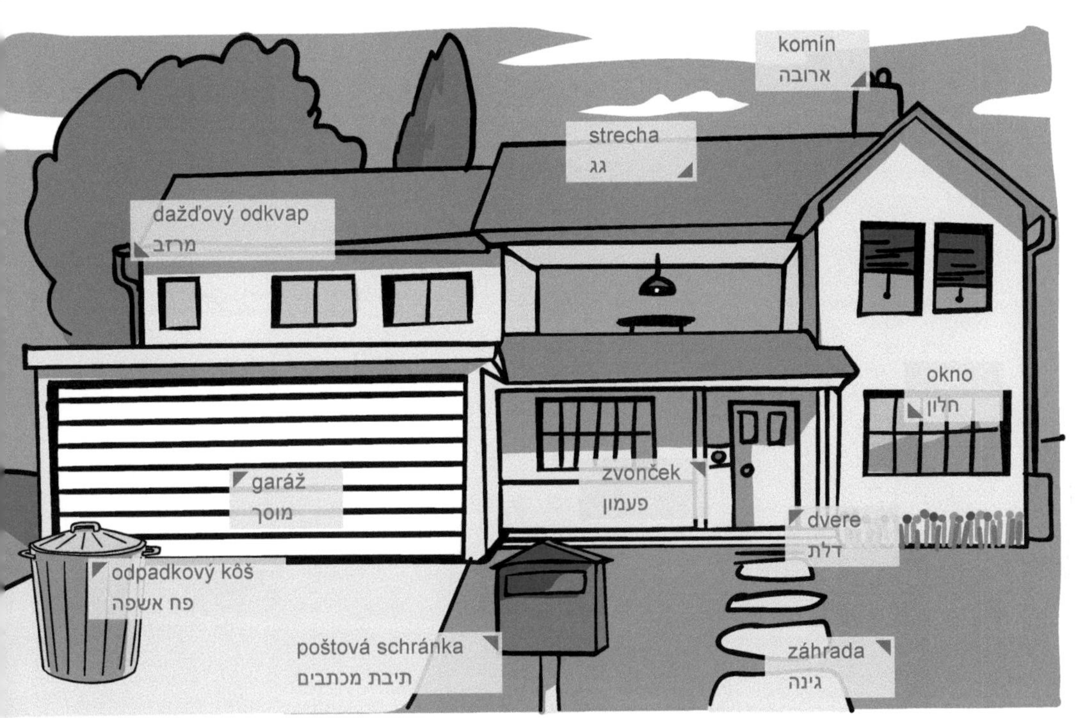

obývačka

סלון

kúpeľňa

חדר אמבטיה

kuchyňa

מטבח

spálňa

חדר שינה

detská izba

חדר ילדים

jedáleň

חדר אוכל

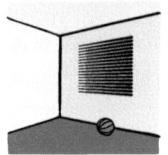

podlaha

רצפה

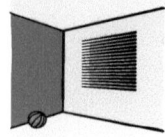

stena

קיר

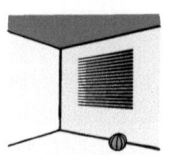

strop

תקרה

pivnica

מרתף

sauna

סאונה

balkón

מרפסת

terasa

מרפסת

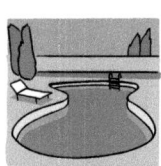

bazén

בריכה

kosačka

מכסחת דשא

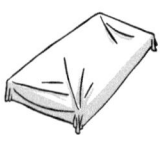

obliečka

סדין

posteľná prikrývka

כיסוי מיטה

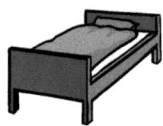

posteľ

מיטה

metla

מטאטא

vedro

דלי

vypínač

מפסק

obývačka
סלון

tapeta
טפט
obraz
תמונה
lampa
מנורה
regál
מדף
skriňa
ארון
televízor
טלוויזיה
kozub
אח
kvet
פרח
vankúš
כרית
pohovka
ספה
váza
אגרטל
diaľkové ovládanie
שלט רחוק

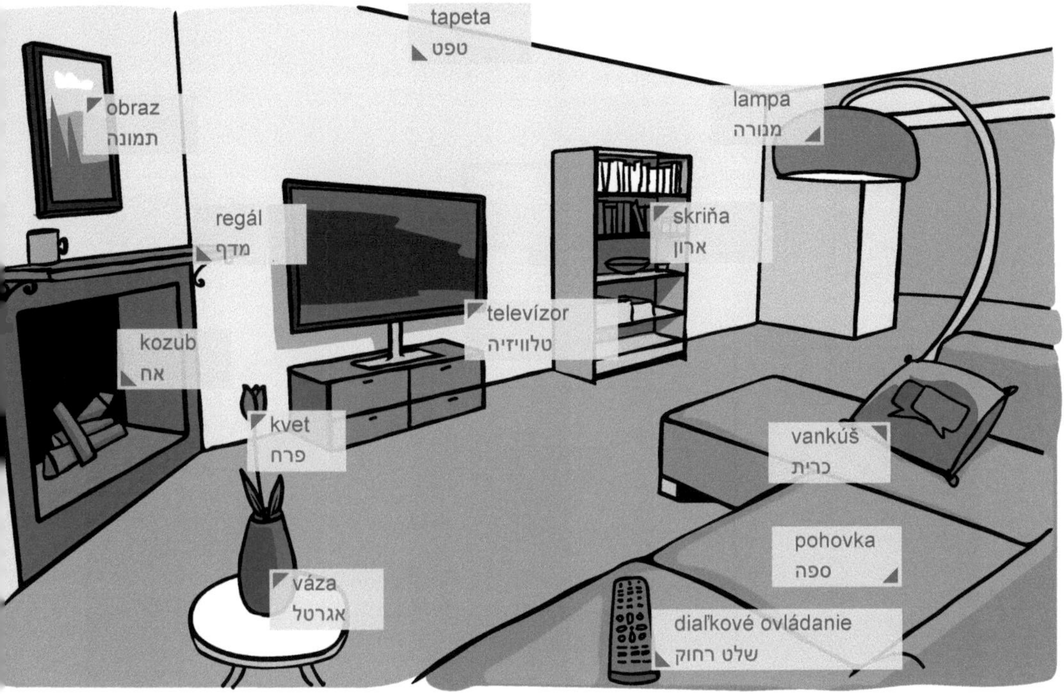

koberec
שטיח

záclona
וילון

stôl
שולחן

stolička
כסא

hojdacie kreslo
כיסא נדנדה

kreslo
כורסה

kniha

ספר

prikrývka

שמיכה

dekorácia

דקורציה

drevo na kúrenie

עצי הסקה

film

סרט

hi-fi veža

מערכת סטריאו

kľúč

מפתח

noviny

עיתון

maľba

ציור

plagát

פוסטר

rádio

רדיו

zápisník

מחברת

vysávač

שואב אבק

kaktus

קקטוס

sviečka

נר

kuchyňa
מטבח

chladnička
מקרר
mikrovlnka
מיקרוגל
kuchynské váhy
hriankovač
טוסטר
čistiaci prostriedok
חומר ניקוי
pec
תנור
mraziarenský box
מקפיא
odpadkový kôš
פח אשפה
umývačka riadu
מדיח כלים

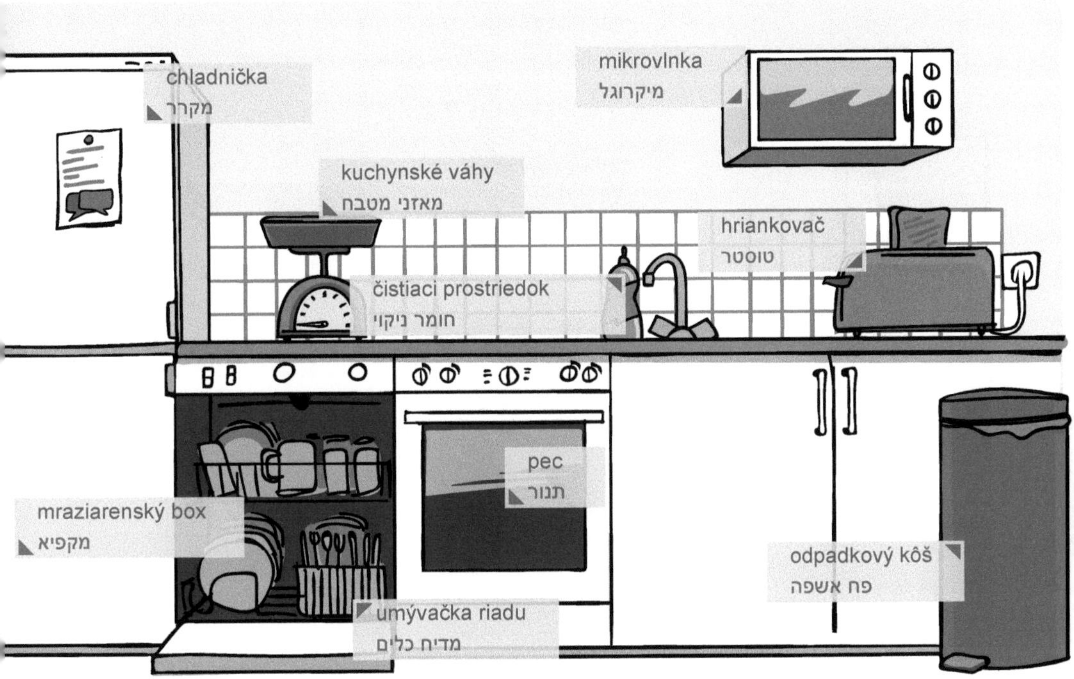

sporák

תנור

hrniec

סיר

železný hrniec

סיר ברזל

wok / kadai

ווק

panvica

מחבת

rýchlovarná kanvica

קומקום חשמלי

parný hrniec

מאדה

plech na pečenie

מגש אפייה

riad

כלי אוכל

pohár

ספל

misa

קערה

paličky

צ'ופסטיקס

naberačka na polievku

מצקת

stierka

מרית

metlička

מטרפה

cedidlo

מסננת בישול

sitko

מסננת

strúhadlo

מגרדת

mažiar

מכתש

gril

גריל

ohnisko

מדורה

doska na krájanie

קרש חיתוך

valček na cesto

מערוך

vývrtka

פותחן פקקים

konzerva

פחית

otvárač na konzervy

פותחן קופסאות

chňapka

מטלית

výlevka

כיור

kefa

מברשת

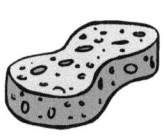

hubka

ספוג

mixér

בלנדר

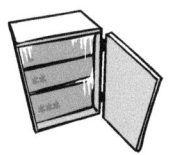

mraznička

מקפיא

kojenecká fľaša

בקבוק לתינוק

vodovodný kohútik

ברז

kúpeľňa

חדר אמבטיה

kúrenie
חימום
uterák
מגבת
sprcha
מקלחת
sprchový záves
וילון מקלחת
pena do kúpeľa
אמבטיית קצף
vaňa
אמבטיה
pohár
כוס
práčka
מכונת כביסה
vodovodný kohútik
ברז
dlaždice
אריחים
nočník
סיר לילה
výlevka
כיור

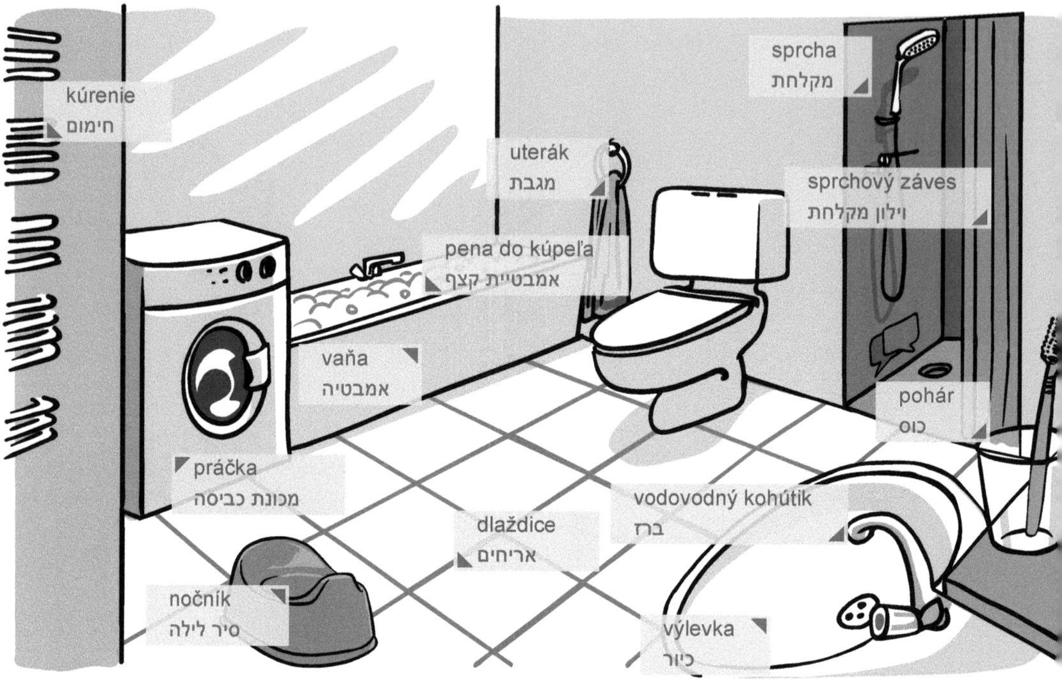

záchod

אסלה

suchý záchod

אסלת כריעה

bidet

בידה

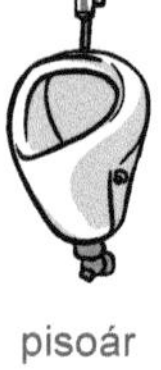

pisoár

משתנה

toaletný papier

נייר טואלט

záchodová kefa

מברשת אסלה

zubná kefka

מברשת שיניים

zubná pasta

משחת שיניים

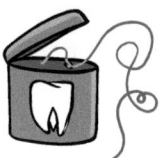

dentálna niť

חוט דנטלי

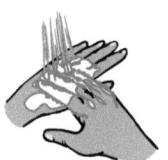

umývať

שטף

ručná sprcha

מקלחת יד

sprcha pre intímnu hygienu

צינור שטיפה לשירותים

umývadlo

קערת רחצה

kefa na chrbát

מברשת גב

mydlo

סבון

sprchový gél

ג'ל רחצה

šampón

שמפו

frotírová rukavica

ליפה

odtok

ניקוז

krém

קרם

dezodorant

דיאודורנט

zrkadlo

מראה

kozmetické zrkadlo

מראת יד

žiletka

סכין גילוח

pena na holenie

קצף גילוח

voda po holení

אפטרשייב

hrebeň

מסרק

kefa

מברשת

sušič vlasov

מייבש שיעור

sprej na vlasy

ספריי לשיער

make-up

איפור

rúž

שפתון

lak na nechty

לק

vata

צמר גפן

nožnice na nechty

מספריים לציפורניים

parfum

בושם

kozmetická taška

תיק כלי רחצה

stolček

שרפרף

váha

משקל

kúpací plášť

חלוק רחצה

gumové rukavice

כפפות גומי

tampón

טמפון

menštruačná vložka

תחבושת סניטרית

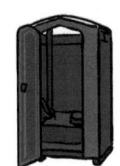

chemické WC

שירותים כימיקליים

detská izba

חדר ילדים

budík
שעון מעורר
plyšová hračka
צעצוע חיבוק
hračkárske auto
מכונית צעצוע
hrkálka
רעשן
domček pre bábiky
בית בובות
dar
מתנה

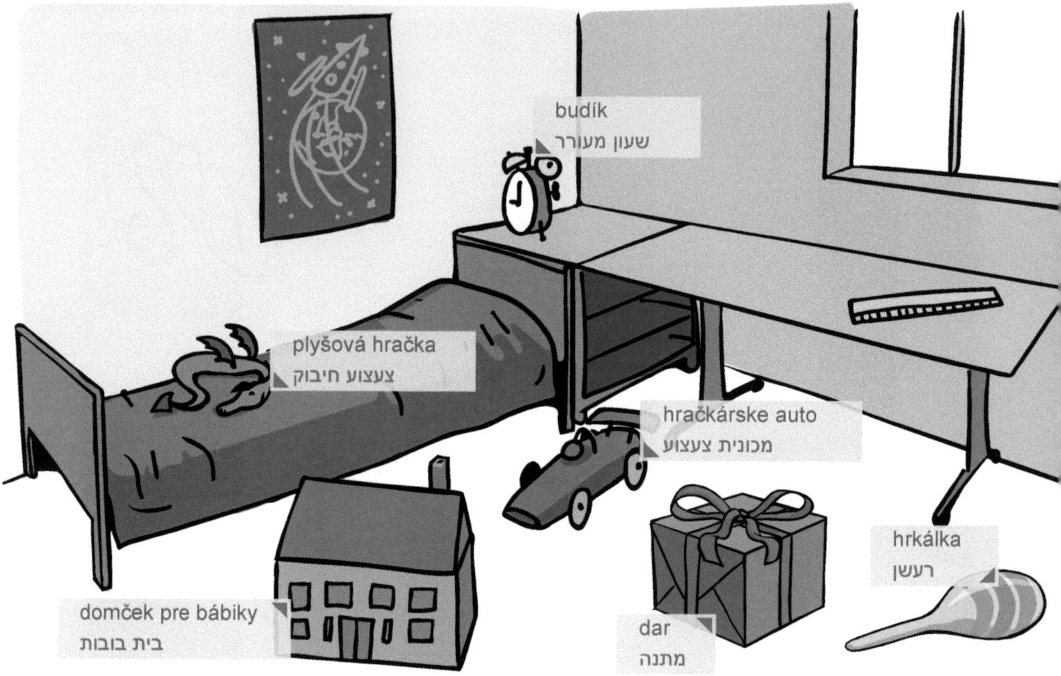

balón

בלון

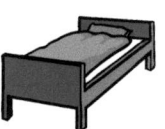

posteľ

מיטה

detský kočík

עגלה

karty

משחק קלפים

puzzle

פאזל

komix

קומיקס

skladačka lego

לגו

stavebnica

קוביות משחק

akčná postavička

דמות משחק

dupačky

סרבל תינוקות

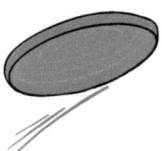

lietajúci tanier

פריזבי

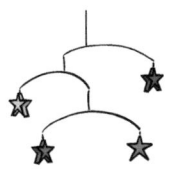

závesné hračky

נייד

stolová hra

משחק לוח

kocka

קוביה

modelový vláčik

רכבת צעצוע

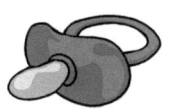

cumlík

מוצץ

párty

מסיבה

obrázková kniha

אלבום תמונות

lopta

כדור

bábika

בובה

hrať sa

שיחק

pieskovisko

ארגז חול

hojdačka

נדנדה

hračky

צעצועים

hracia konzola

קונסולת משחקים

trojkolka

אופניים תלת גלגלי

medvedík

דובון

šatník

ארון בגדים

šatstvo

בגדים

ponožky

גרביים

pančuchy

גרביונים

pančuchové nohavičky

גרביון

šál
צעיף

dáždnik
מטריה

tričko
חולצת טי

opasok
חגורה

čižmy
מגפיים

tenisky
נעלי ספורט

papuče
נעלי בית

sandále
סנדלים

topánky
נעליים

gumáky
מגפי גומי

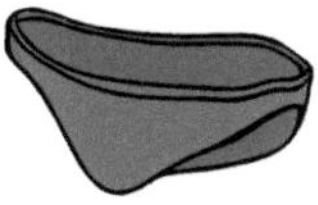

spodky
תחתונים

podprsenka
חזייה

tielko
וסט

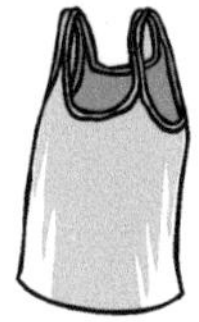

body

גוף

nohavice

מכנסיים

džínsy

ג'ינס

sukňa

חצאית

blúzka

חולצה מכופתרת

košeľa

חולצה

pulóver

אפודה

sveter

סווצ'ר עם קפוצ'ון

blejzer

בלייזר

bunda

ז'קט

kabát

מעיל

pršiplášť

מעיל גשם

kostým

תלבושת

šaty

שמלה

svadobné šaty

שמלת כלה

oblek

חליפה

nočná košeľa

כותונת לילה

pyžamo

פיג'מה

sari

סארי

šatka na hlavu

מטפחת ראש

turban

טורבן

burka

בורקה

kaftan

קאפטן

abaja

עבאיה

dvojdielne plavky

בגד ים

plavky

בגד ים

šortky

מכנסיים קצרים

tepláková súprava

בגד אימון

zástera

סינר

rukavice

כפפות

gombík

כפתור

okuliare

משקפיים

náramok

צמיד יד

retiazka

שרשרת

prsteň

טבעת

náušnica

עגיל

čiapka

כובע

vešiak

קולב

klobúk

כובע

kravata

עניבה

zips

רוכסן

prilba

קסדה

traky

כתפיות

školská uniforma

תלבושת בית ספר

uniforma

מדים

podbradník

מפית אוכל

cumlík

מוצץ

plienka

חיתול

kancelária

משרד

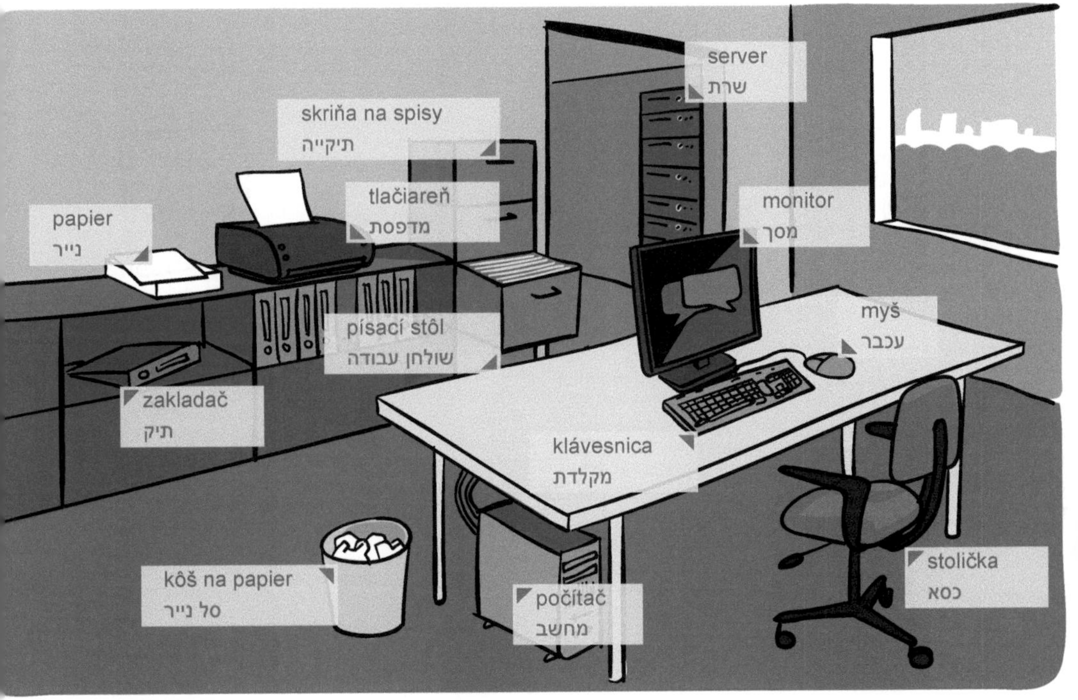

server
שרת

skriňa na spisy
תיקייה

tlačiareň
מדפסת

monitor
מסך

papier
נייר

písací stôl
שולחן עבודה

myš
עכבר

zakladač
תיק

klávesnica
מקלדת

kôš na papier
סל נייר

počítač
מחשב

stolička
כסא

hrnček na kávu

ספל קפה

kalkulačka

מחשבון

internet

אינטרנט

laptop

מחשב נייד

list

מכתב

správa

הודעה

mobil

נייד

sieť

רשת

kopírka

מכונת צילום

softvér

תוכנה

telefón

טלפון

elektrická zásuvka

שקע

fax

פקס

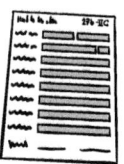

formulár

טופס

doklad

מסמך

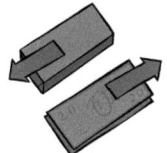

kúpiť

קנה

platiť

שילם

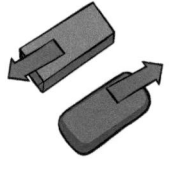

obchodovať

סחר

peniaze

כסף

dolár

דולר

euro

יורו

jen

ין

rubeľ

רובל

švajčiarsky frank

פרנק שווייצרי

čínsky jüan

יואן רנמינבי

rupia

רופי

bankomat

כספומט

zmenáreň

המרת מטבע

zlato

זהב

striebro

כסף

ropa

נפט

energia

אנרגיה

cena

מחיר

zmluva

חוזה

daň

מס

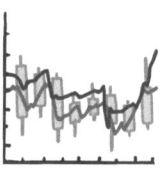

akcia

מנייה

pracovať

עבד

zamestnanec

עובד

zamestnávateľ

מעסיק

továreň

מפעל

obchod

חנות

povolania

מקצועות

policajt
שוטר
hasič
כבאי
kuchár
טבח
lekár
רופא
pilót
טייס

záhradník

גנן

stolár

נגר

krajčírka

תופרת

sudca

שופט

chemik

כימאי

herec

שחקן

vodič autobusu

נהג אוטובוס

taxikár

נהג מונית

rybár

דייג

upratovačka

עובדת נקיון

pokrývač

מתקן גגות

čašník

מלצר

poľovník

צייד

maliar

צייר

pekár

אופה

elektrikár

חשמלאי

stavebný robotník

עובד בניין

inžinier

מהנדס

mäsiar

קצב

klampiar

אינסטלטור

poštár

דוור

vojak

חייל

architekt

אדריכל

pokladník

קופאי

kvetinár

מוכר פרחים

kaderník

ספר

sprievodca

כרטיסן

mechanik

מכונאי

kapitán

קברניט

zubár

רופא שיניים

vedec

מדען

rabín

רב

imám

אימאם

mních

נזיר

farár

כומר

náradie

כלי עבודה

kladivo
פטיש
kliešte
צבת
skrutkovač
מברג
kľúč na skrutky
מפתח ברגים
baterka
פנס

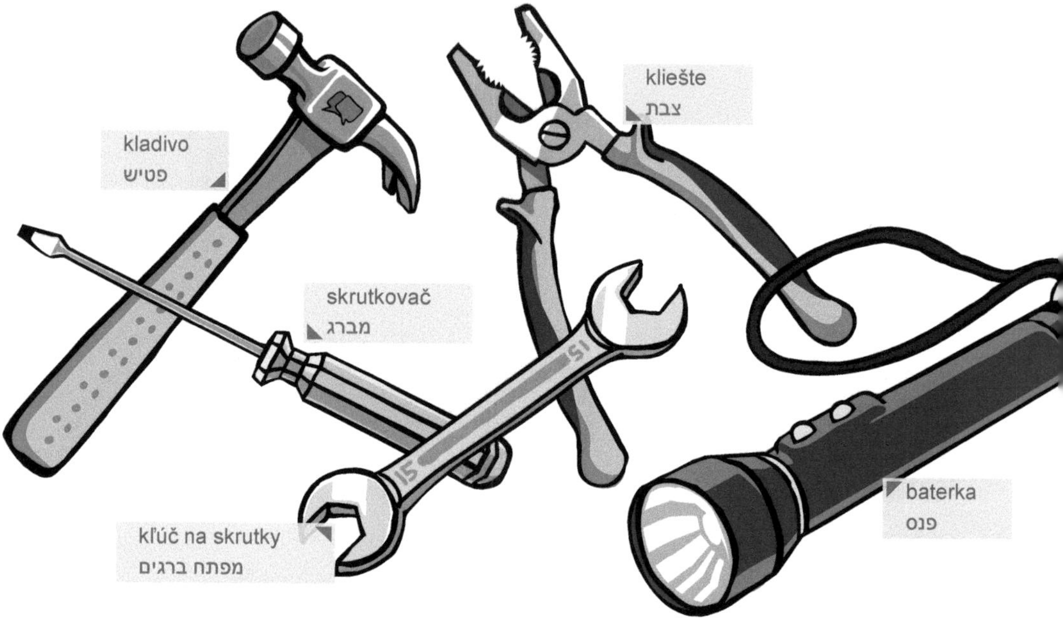

bager

דחפור

súprava náradia

ארגז כלים

rebrík

סולם

pílka

מסור

klince

מסמרים

vrták

מקדחה

opraviť

תיקן

lopata

את חפירה

Do čerta!

לעזאזל!

lopatka na smeti

יעה

nádoba s farbou

פח צבע

skrutky

ברגים

hudobné nástroje

כלי נגינה

reproduktor
רמקול
bicie
מערכת תופים
gitara
גיטרה
kontrabas
קונטראבס
trúbka
חצוצרה

klavír

פסנתר

husle

כינור

basa

בס

tympany

תוף הדוד

bubon

תופים

klávesnica

מקלדת פסנתר

saxofón

סקסופון

flauta

חליל

mikrofón

מיקרופון

ZOO

גן חיות

vstup
כניסה
tiger
נמר
klietka
כלוב
zebra
זברה
krmivo pre zver
מזון לחיות
panda
פנדה

zvieratá

בעלי חיים

slon

פיל

klokan

קנגרו

nosorožec

קרנף

gorila

גורילה

medveď

דוב

ťava

גמל

pštros

יען

lev

אריה

opica

קוף

plameniak

פלמינגו

papagáj

תוכי

ľadový medveď

דוב הקרח

tučniak

פינגווין

žralok

כריש

páv

טווס

had

נחש

krokodíl

תנין

ošetrovateľ v ZOO

שומר גן החיות

tuleň

כלב ים

jaguár

יגואר

poník

סוס פוני

leopard

לאופרד

hroch

היפופוטאם

žirafa

ג'ירפה

orol

נשר

diviak

חזיר בר

ryba

דג

korytnačka

צב

mrož

סוס ים

líška

שועל

gazela

איילה

šport

ספורט

americký futbal
פוטבול אמריקאי
cyklistika
רכיבת אופניים
tenis
טניס
basketbal
כדורסל
plávanie
שחיה
box
אגרוף
hokej
הוקי

futbal

כדורגל

bedminton

בדמינטון

ľahká atletika

אתלטיקה

hádzaná

כדור-יד

lyžovanie

עשה סקי

pólo

פולו

smiať sa
צחק

skočiť
קפץ

objať
חיבק

chodiť
הלך

spievať
שר

snívať
חלם

modliť sa
התפלל

pobozkať
נשק

písať
....
כתב

kresliť
....
צייר

ukázať
....
הראה

tlačiť
....
דחף

dať
....
נתן

brať
....
לקח

mať

יש / להיות הבעלים

robiť

עשה

byť

היה

stáť

עמד

bežať

רץ

ťahať

משך

hádzať

זרק

padnúť

נפל

ležať

שכב

čakať

חיכה

nosiť

סחב

sedieť

ישב

obliecť sa

התלבש

spať

ישן

zobudiť sa

התעורר

pozerať

הסתכל ב-

plakať

בכה

hladkať

ליטף

česať

סירק

hovoriť

דיבר

rozumieť

הבין

pýtať sa

שאל

počuť

שמע

piť

שתה

jesť

אכל

upratať

סידר

milovať

אהב

variť

בישל

jazdiť

נהג

letieť

עף

plachtiť

שט

počítať

חישב

čítať

קרא

učiť sa

למד

pracovať

עבד

oženiť

התחתן

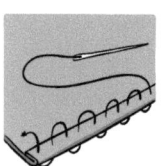

šiť

תפר

čistiť zuby

ציחצח שיניים

zabiť

הרג

fajčiť

עישן

poslať

שלח

rodina
משפחה

stará mama
סבתא
starý otec
סבא
otec
אבא
mama
אימא
bábo
תינוק
dcéra
בת
syn
בן

hosť
אורח

teta
דודה

strýko
דוד

brat
אח

sestra
אחות

telo

גוף

čelo
מצח
oko
עין
plece
כתף
prst
אצבע
tvár
פנים
brada
סנטר
ruka
כף יד
hruď
חזה
noha
רגל
rameno
זרוע

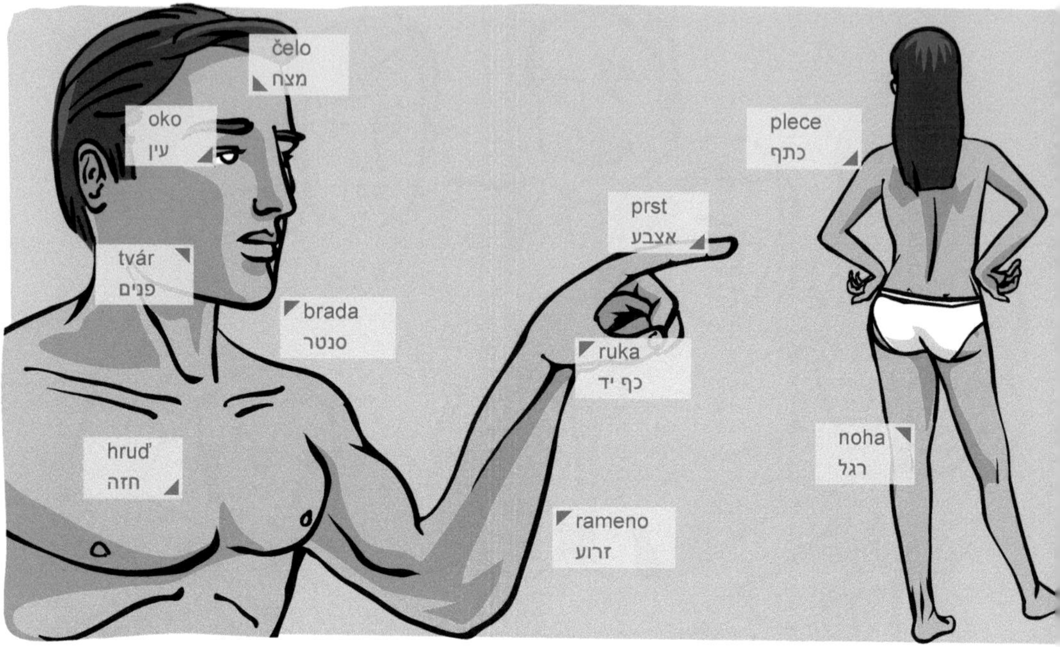

bábo

תינוק

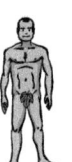

muž

איש

žena

אישה

dievča

ילדה

chlapec

ילד

hlava

ראש

chrbát

גב

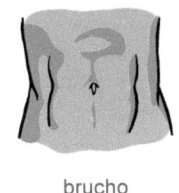

brucho

בטן

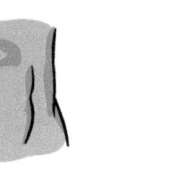

pupok

טבור

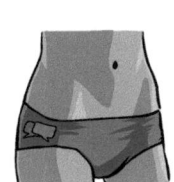

prst na nohe

אצבע

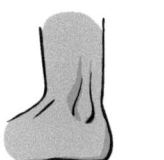

päta

עקב

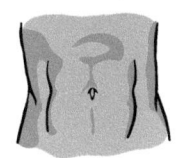

kosť

עצם

bok

ירך

koleno

ברך

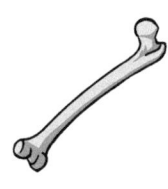

lakeť

מרפק

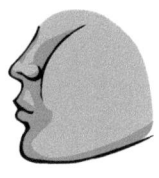

nos

אף

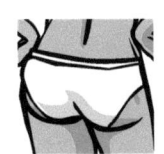

zadok

עכוז

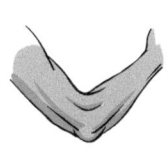

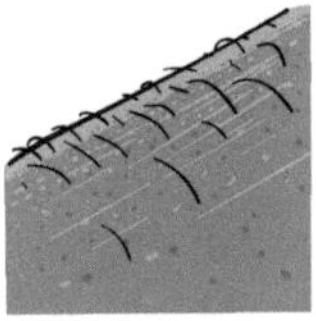

koža

עור

líce

לחי

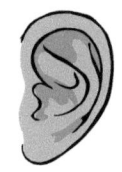

ucho

אוזן

pery

שפתיים

ústa

פה

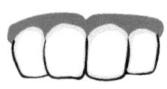

zub

שן

jazyk

לשון

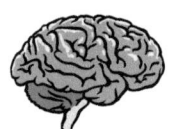

mozog

מוח

srdce

לב

svaly

שריר

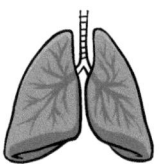

pľúca

ריאה

pečeň

כבד

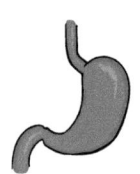

žalúdok

קיבה

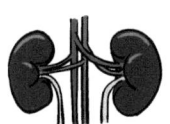

obličky

כליות

pohlavný styk

מין

kondóm

קונדום

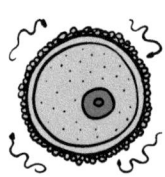

vaječná bunka

ביצית

semeno

זרע

tehotenstvo

הריון

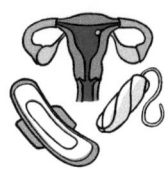

menštruácia

ווסת

vagína

נרתיק

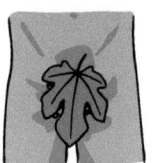

penis

פין

obočie

גבה

vlasy

שיער

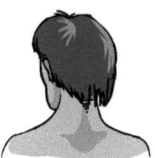

krk

צוואר

nemocnica

בית חולים

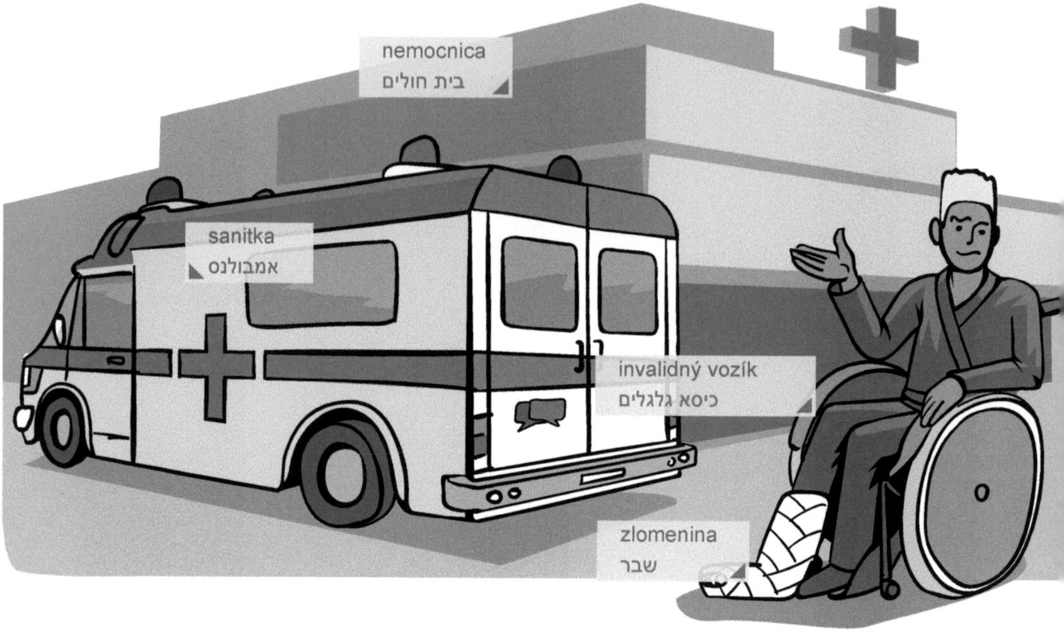

nemocnica
בית חולים
sanitka
אמבולנס
invalidný vozík
כיסא גלגלים
zlomenina
שבר

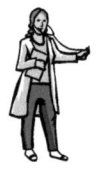

lekár

רופא

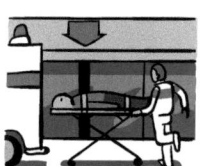

urgentný príjem

חדר מיון

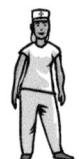

sestrička

אחות

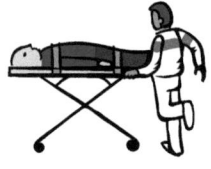

urgentný prípad

חירום

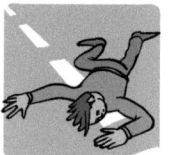

v bezvedomí

חסר הכרה

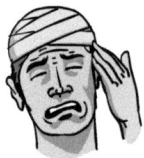

bolesť

כאב

zranenie

פציעה

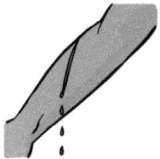

krvácanie

דימום

srdcový infarkt

התקף לב

mozgová porážka

שבץ

alergia

אלרגיה

kašeľ

שיעול

teplota

חום

chrípka

שפעת

hnačka

שלשול

bolesť hlavy

כאב ראש

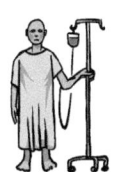

rakovina

סרטן

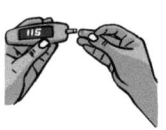

cukrovka

סוכרת

chirurg

מנתח

skalpel

אזמל

operácia

ניתוח

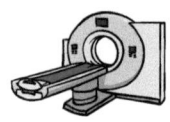

CT

סי-טי

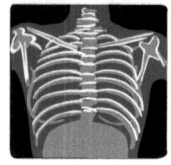

RTG

רנטגן

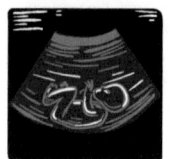

ultrazvuk

אולטרסאונד

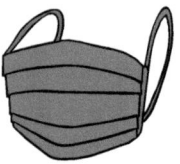

maska

מסיכת פנים

choroba

מחלה

čakáreň

חדר המתנה

barla

קבה

náplasť

פלסטר

obväz

תחבושת

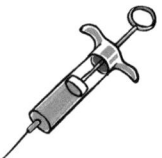

injekcia

זריקה

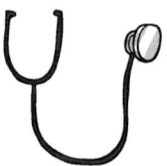

fonendoskop

סטטוסקופ

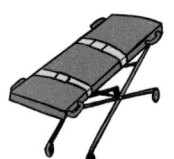

nosidlá

אלונקה

teplomer

מד חום

pôrod

לידה

nadváha

עודף משקל

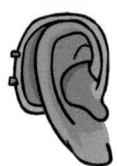

audiofón

מכשיר שמיעה

dezinfekčný prostriedok

מחטא

infekcia

זיהום

vírus

נגיף

HIV / AIDS

איידס

medicína

תרופה

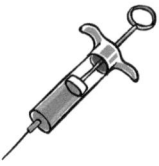

očkovanie

חיסון

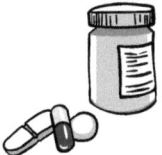

tabletky

טבליות

antikoncepčná pilulka

גלולה

tiesňové volanie

קריאת חירום

tlakomer

מד לחץ דם

chorý / zdravý

חולה / בריא

urgentný prípad
חירום

Pomoc!

הצילו!

alarm

אזעקה

prepad

פשיטה

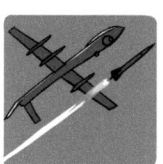

útok

תקיפה

nebezpečenstvo

סכנה

núdzový východ

יציאת חירום

Horí!

אש!

hasičský prístroj

מטף כיבוי

nehoda

תאונה

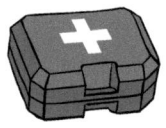

kufrík prvej pomoci

ערכת עזרה ראשונה

SOS

הצילו!

polícia

משטרה

Zem

כדור הארץ

Európa

אירופה

Severná Amerika

צפון אמריקה

Južná Amerika

דרום אמריקה

Afrika

אפריקה

Ázia

אסיה

Austrália

אוסטרליה

Atlantický oceán

האוקיינוס האטלנטי

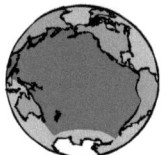

Tichý oceán

האוקיינוס השקט

Indický oceán

האוקיינוס ההודי

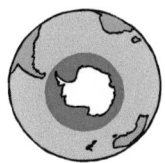

Južný oceán

האוקיינוס האנטרקטי

Severný ľadový oceán

האוקיינוס הארקטי

Severný pól

הקוטב הצפוני

Južný pól

הקוטב הדרומי

Antarktída

אנטארקטיקה

Zem

כדור הארץ

krajina

אדמה

more

ים

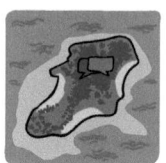

ostrov

אי

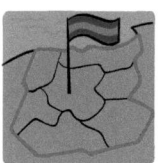

národ

לאום

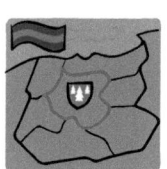

štát

מדינה

hodiny
שעון

ciferník

פני השעון

hodinová ručička

מחוג השעות

minútová ručička

מחוג הדקות

sekundová ručička

מחוג השניות

Koľko je hodín?

מה השעה?

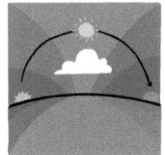

deň

יום

čas

זמן

teraz

עכשיו

digitálne hodiny

שעון דיגיטלי

minúta

דקה

hodina

שעה

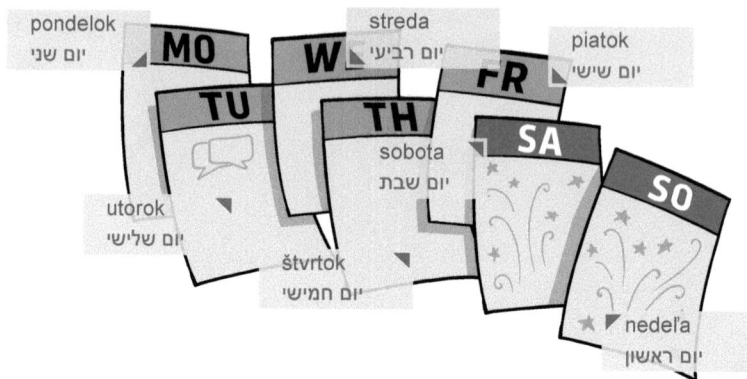

týždeň

שבוע

pondelok
יום שני
streda
יום רביעי
piatok
יום שישי
sobota
יום שבת
SO
utorok
יום שלישי
štvrtok
יום חמישי
nedeľa
יום ראשון

včera

אתמול

dnes

היום

zajtra

מחר

ráno

בוקר

poludnie

צהריים

večer

ערב

pracovné dni

ימי עבודה

víkend

סוף שבוע

rok
שנה

dážď
גשם
dúha
קשת בענן
vietor
רוח
sneh
שלג
jar
אביב
jeseň
סתיו
leto
קיץ
zima
חורף

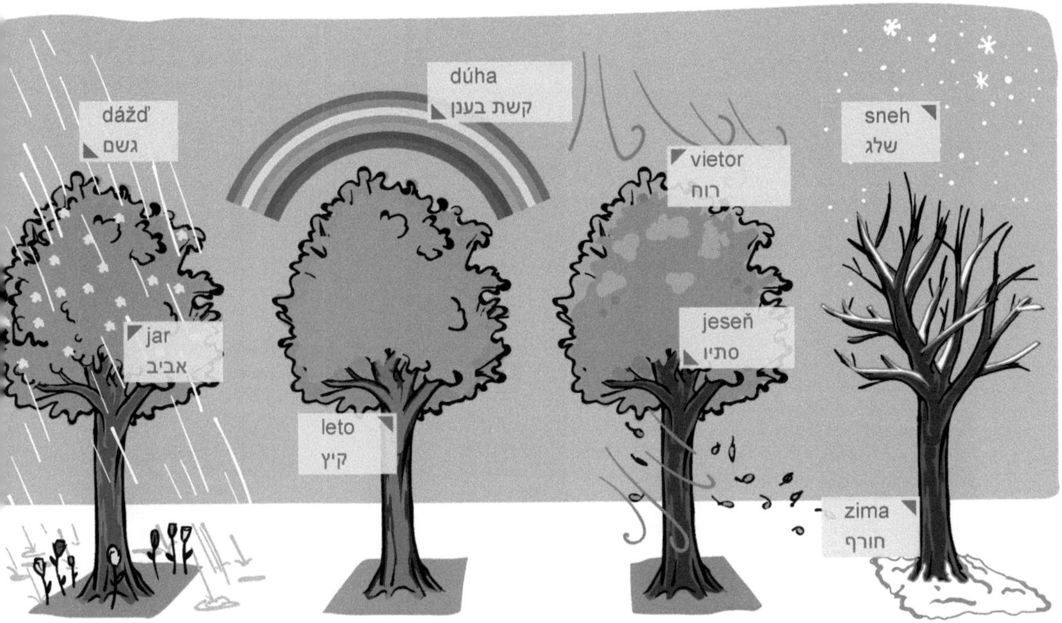

predpoveď počasia

תחזית מזג האוויר

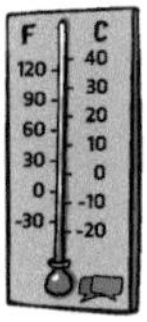

teplomer

מד חום

slnečný svit

אור שמש

oblak

ענן

hmla

ערפל

vlhkosť vzduchu

לחות

blesk

ברק

hrom

רעם

búrka

סערה

krúpy

ברד

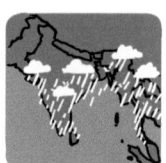

monzún

רוח עונתי

záplava

שיטפון

ľad

קרח

január

ינואר

február

פברואר

marec

מרץ

apríl

אפריל

máj

מאי

jún

יוני

júl

יולי

august

אוגוסט

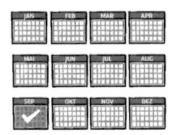

september

ספטמבר

október

אוקטובר

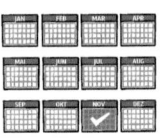

november

נובמבר

december

דצמבר

tvary

צורות

kruh

עיגול

štvorec

מרובע

obdĺžnik

מלבן

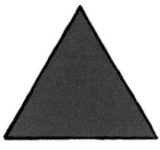

trojuholník

משולש

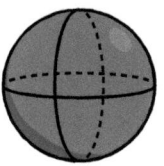

guľa

כדור

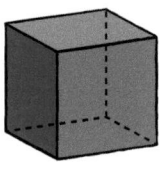

kocka

קובייה

farby

צבעים

biela

לבן

žltá

צהוב

oranžová

כתום

ružová

ורוד

červená

אדום

fialová

סגול

modrá

כחול

zelená

ירוק

hnedá

חום

šedá

אפור

čierna

שחור

protiklady
הפכים

veľa / málo

הרבה / מעט

zúrivý / pokojný

כועס / רגוע

pekný / škaredý

יפה / מכוער

začiatok / koniec

התחלה / סוף

veľký / malý

גדול / קטן

svetlý / tmavý

בהיר / כהה

brat / sestra

אח / אחות

čistý / špinavý

נקי / מלוכלך

úplný / neúplný

שלם / חלקי

deň / noc

יום /לילה

mŕtvy / živý

מת / חי

široký / úzky

רחב / צר

chutný / nechutný

אכיל / לא אכיל

zlostný / láskavý

רשע / טוב לב

vzrušený / unudený

מתרגש / משועמם

tlstý / chudý

שמן / רזה

prvý / posledný

ראשון / אחרון

priateľ / nepriateľ

חבר / אויב

plný / prázdny

מלא / ריק

tvrdý / mäkký

קשה / רך

ťažký / ľahký

כבד / קל

hlad / smäd

רעב / צמא

chorý / zdravý

חולה / בריא

nelegálny / legálny

בלתי-חוקי / חוקי

inteligentný / hlúpy

נבון / טיפש

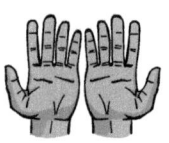

vľavo / vpravo

שמאל / ימין

blízko / ďaleko

קרוב / רחוק

nový / použitý

חדש / משומש

nič / niečo

כלום / משהו

starý / mladý

זקן / צעיר

zapnuté / vypnuté

פעיל / כבוי

otvorené / zatvorené

פתוח / סגור

tichý / hlasný

שקט / רועש

bohatý / chudobný

עשיר / עני

správne / nesprávne

נכון / שגוי

drsný / hladký

מחוספס / חלק

smutný / šťastný

עצוב / שמח

krátky / dlhý

קצר / ארוך

pomaly / rýchlo

איטי / מהיר

mokrý / suchý

רטוב / יבש

teplý / studený

חם / קר

vojna / mier

מלחמה / שלום

čísla
מספרים

0	1	2
nula	jeden	dva
אפס	אחת	שתיים
3	4	5
tri	štyri	päť
שלוש	ארבע	חמש
6	7	8
šesť	sedem	osem
שש	שבע	שמונה
9	10	11
deväť	desať	jedenásť
תשע	עשר	אחת-עשרה

12
dvanásť

שתים-עשרה

13
trinásť

שלוש-עשרה

14
štrnásť

ארבע-עשרה

15
pätnásť

חמש-עשרה

16
šestnásť

שש-עשרה

17
sedemnásť

שבע-עשרה

18
osemnásť

שמונה-עשרה

19
devätnásť

תשע-עשרה

20
dvadsať

עשרים

100
sto

מאה

1.000
tisíc

אלף

1.000.000
milión

מיליון

jazyky
שפות

angličtina

אנגלית

americká angličtina

אנגלית אמריקאית

mandarínska čínština

סינית מנדרינית

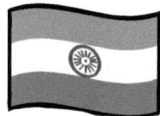

hindčina

הודית

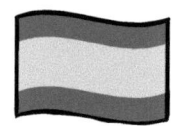

španielčina

ספרדית

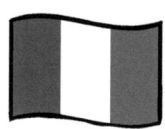

francúzština

צרפתית

arabčina

ערבית

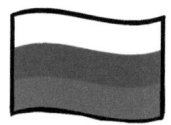

ruština

רוסית

portugalčina

פורטוגזית

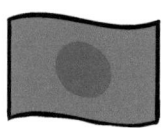

bengálčina

בנגלית

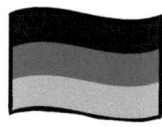

nemčina

גרמנית

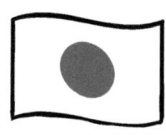

japončina

יפנית

kto/čo/ako

מי / מה / איך

ja

אני

ty

אתה / את

on/ona/ono

הוא / היא / זה

my

אנחנו

vy

אתם

oni

הם

kto?

מי?

čo?

מה?

ako?

איך?

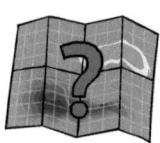

kde?

איפה?

kedy?

מתי?

meno

שם

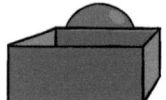

kde

איפה

za

מאחור

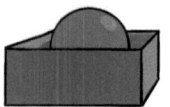

v

בתוך

pred

לפני

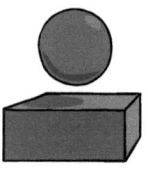

nad

מעל

na

על

pod

מתחת

vedľa

ליד

medzi

בין

miesto

מקום